Impressum
Verlag: BABADADA GmbH, Nedderfeld 112 , 22529 Hamburg
Geschäftsführer / Verlagsleitung: Harald Hof
Druck: Books on Demand GmbH, In de Tarpen 42, 22848 Norderstedt

Imprint
Publisher: BABADADA GmbH, Nedderfeld 112 , 22529 Hamburg, Germany
Managing Director / Publishing direction: Harald Hof
Print: Books on Demand GmbH, In de Tarpen 42, 22848 Norderstedt

Šola

école

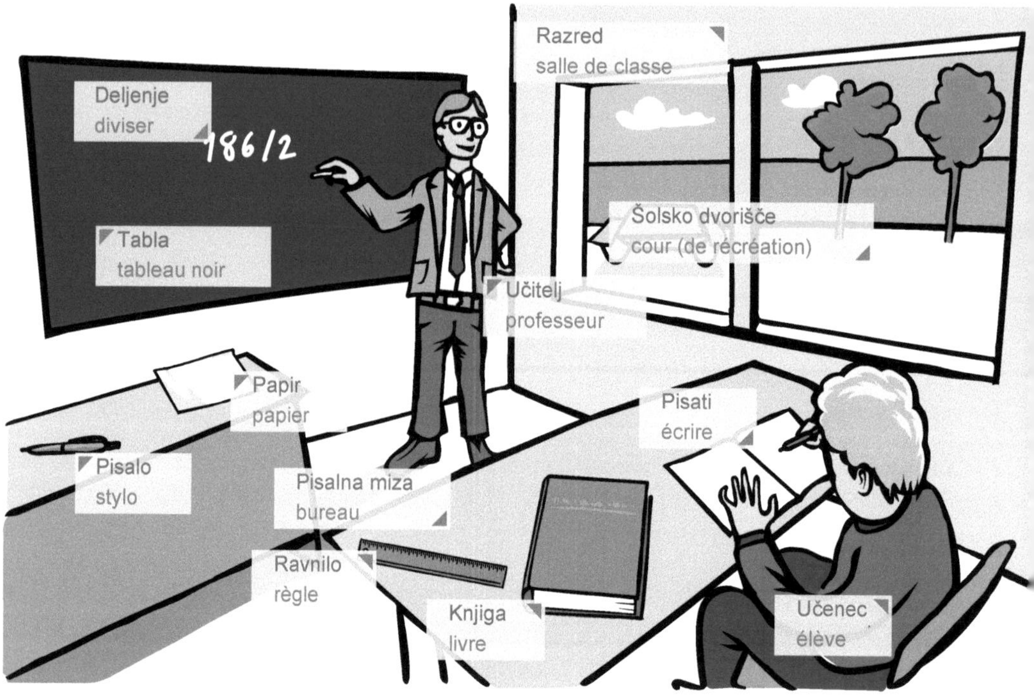

Razred
salle de classe
Deljenje
diviser
186/2
Tabla
tableau noir
Šolsko dvorišče
cour (de récréation)
Učitelj
professeur
Papir
papier
Pisati
écrire
Pisalo
stylo
Pisalna miza
bureau
Ravnilo
règle
Knjiga
livre
Učenec
élève

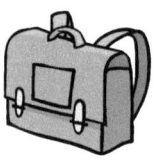

Šolska torba

cartable

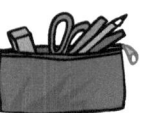

Peresnica

trousse

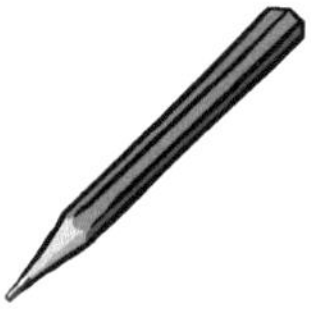

Svinčnik

crayon

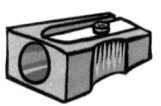

Šilček

taille-crayon

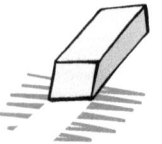

Radirka

gomme

Risalni blok

carnet à dessin

Risba

dessin

Čopič

pinceau

Vodene barvice

boîte de peinture

Škarje

ciseaux

Lepilo

colle

Zvezek

cahier d'exercices

Domača naloga

devoirs

Število

chiffre

Seštevanje

additionner

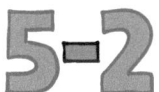

Odštevanje

soustraire

Množenje

multiplier

Računanje

calculer

Črka

lettre

Abeceda

alphabet

Beseda

mot

Besedilo

texte

Brati

lire

Kreda

craie

Učna ura

leçon

Redovalnica

livre de classe

Preizkus znanja

examen

Spričevalo

certificat

Šolska uniforma

uniforme scolaire

Izobrazba

formation

Enciklopedija

lexique

Univerza

université

Mikroskop

microscope

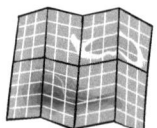

Zemljevid

carte

Koš za smeti

corbeille à papier

Potovanje
voyage

Hotel
hôtel
Grand
Hostel
auberge
ROOMS
Menjalnica
bureau de change
CHANGE
Kovček
valise
Avtomobil
voiture

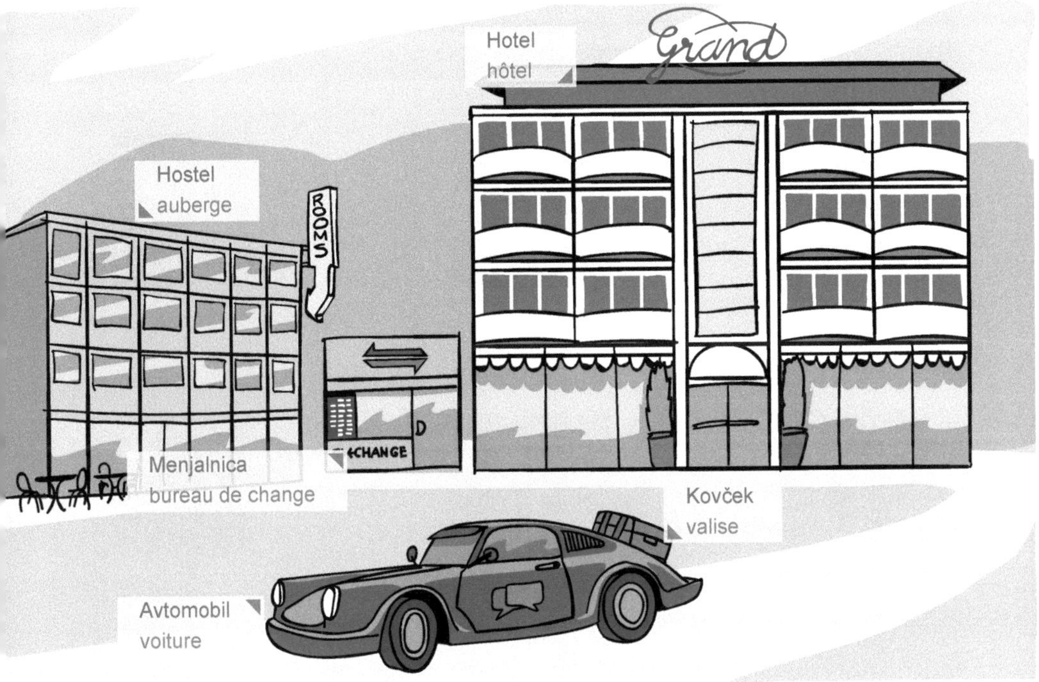

Jezik
langue

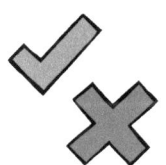

da / ne
oui / non

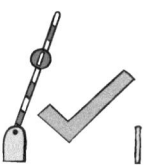

Prav
d'accord

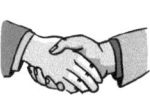

Pozdravljeni
Salut

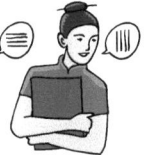

Prevajalec
interprète

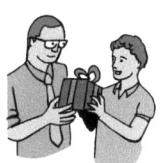

Hvala
merci

Koliko stane...?

Combien coûte...?

Ne razumem

Je ne comprends pas

Težava

problème

Dober večer!

Bonsoir !

Dobro jutro!

Bonjour !

Lahko noč!

Bonne nuit !

Nasvidenje

Au revoir

Smer

direction

Prtljaga

bagages

Torba

sac

Nahrbtnik

sac-à-dos

Gost

hôte

Soba

pièce

Spalna vreča

sac de couchage

Šotor

tente

Turistične informacije

office de tourisme

Plaža

plage

Kreditna kartica

carte de crédit

Zajtrk

petit-déjeuner

Kosilo

déjeuner

Večerja

dîner

Vozovnica

billet

Dvigalo

ascenseur

Znamka

timbre

Meja

frontière

Carina

douane

Veleposlaništvo

ambassade

Vizum

visa

Potni list

passeport

Prevoz
transport

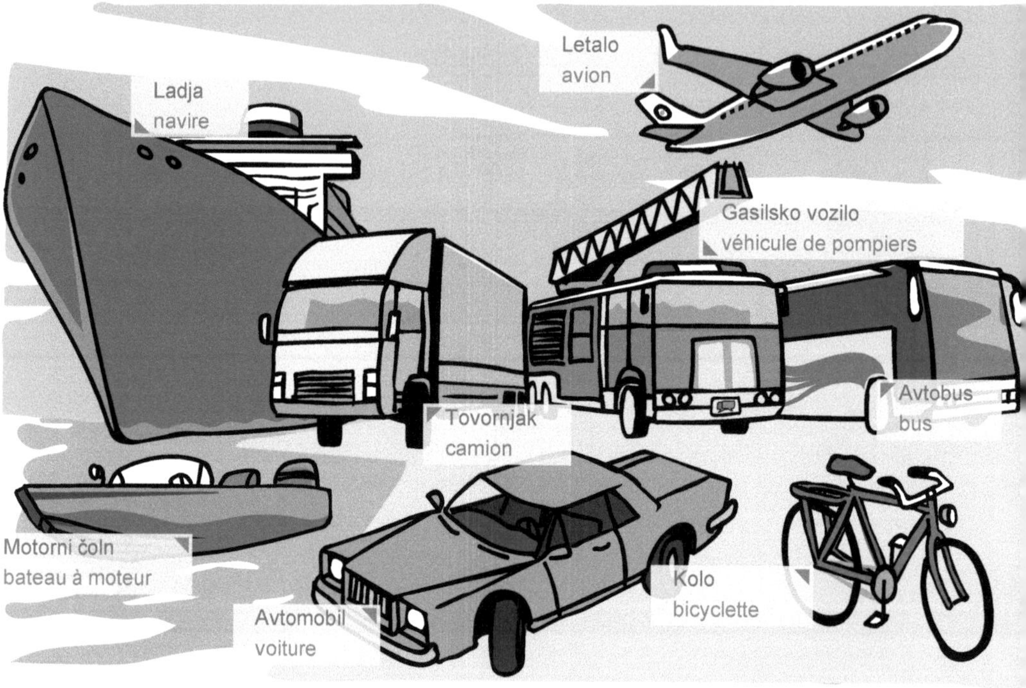

Letalo
avion
Ladja
navire
Gasilsko vozilo
véhicule de pompiers
Avtobus
bus
Tovornjak
camion
Motorni čoln
bateau à moteur
Kolo
bicyclette
Avtomobil
voiture

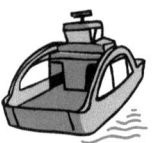

Trajekt

ferry

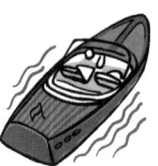

Čoln

barque

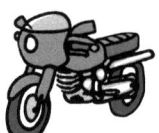

Motorno kolo

moto

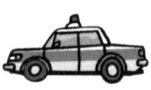

Policijski avto

voiture de police

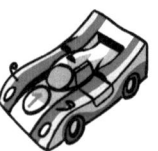

Dirkalni avto

voiture de course

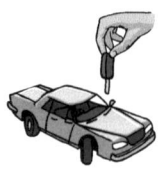

Najeto vozilo

voiture de location

Souporaba avtomobila

auto-partage

Avtovleka

voiture de remorquage

Smetarsko vozilo

benne à ordures

Motor

moteur

Gorivo

essence

Bencinska postaja

station d'essence

Prometni znak

panneau indicateur

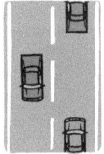

Promet

trafic

Zastoj

embouteillage

Parkirišče

parking

Železniška postaja

gare

Tirnice

rails

Vlak

train

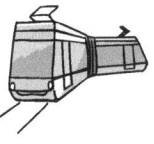

Tramvaj

tramway

Vagon

wagon

Helikopter

hélicoptère

Letališče

aéroport

Stolp

tour

Potnik

passager

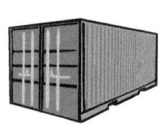

Kontejner

conteneur

Karton

carton

Voziček

chariot

Košara

corbeille

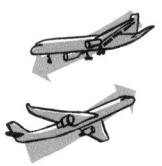

vzleteti / pristati

décoller / atterrir

Mesto

ville

Vas

village

Mestno jedro

centre-ville

Hiša

maison

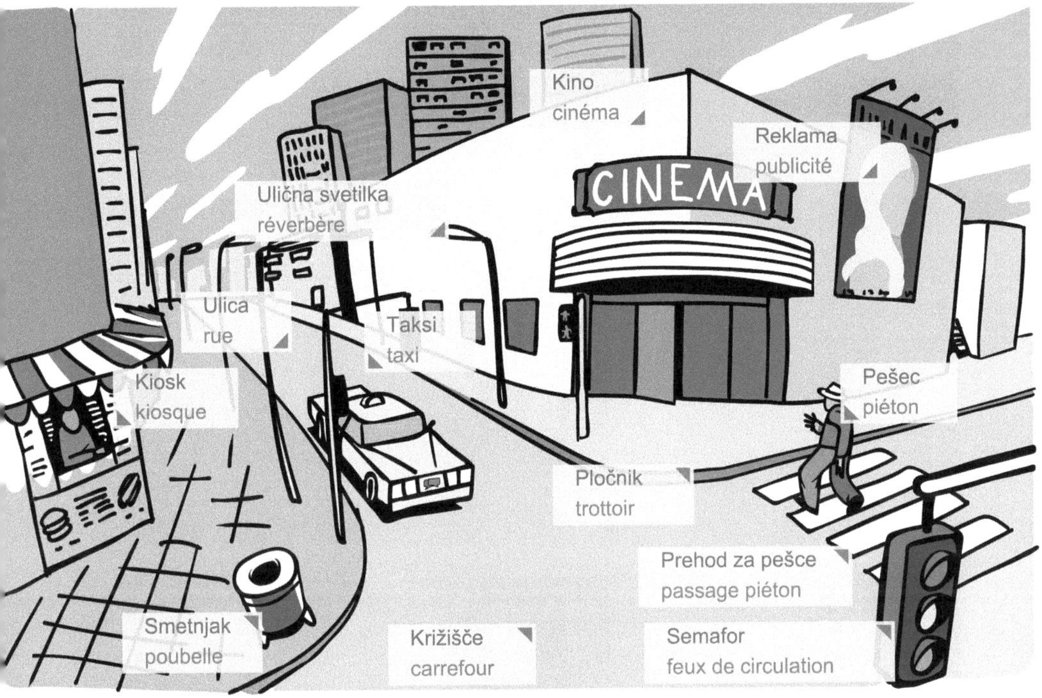

Kino
cinéma

Reklama
publicité

Ulična svetilka
réverbère

CINEMA

Ulica
rue

Taksi
taxi

Pešec
piéton

Kiosk
kiosque

Pločnik
trottoir

Prehod za pešce
passage piéton

Smetnjak
poubelle

Križišče
carrefour

Semafor
feux de circulation

Koča

cabane

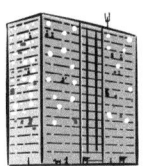

Stanovanje

appartement

Železniška postaja

gare

Mestna hiša

mairie

Muzej

musée

Šola

école

Mesto - ville

11

Univerza

université

Banka

banque

Bolnišnica

hôpital

Hotel

hôtel

Lekarna

pharmacie

Pisarna

bureau

Knjigarna

librairie

Trgovina

magasin

Cvetličarna

fleuriste

Supermarket

supermarché

Tržnica

marché

Veleblagovnica

grand magasin

Ribarnica

poissonnerie

Nakupovalno središče

centre commercial

Pristanišče

port

Mesto - ville

Park

parc

Klop

banque

Most

pont

Stopnice

escaliers

Podzemna železnica

métro

Predor

tunnel

Avtobusno postajališče

arrêt de bus

Bar

bar

Restavracija

restaurant

Poštni nabiralnik

boîte à lettres

Ulična tabla

panneau indicateur

Parkirna ura

parcmètre

Živalski vrt

zoo

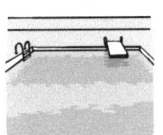

Kopališče

piscine

Mošeja

mosquée

Kmetija
ferme

Onesnaževanje
pollution

Pokopališče
cimetière

Cerkev
église

Otroško igrišče
aire de jeux

Tempelj
temple

Pokrajina
paysage

List
feuille

Kažipot
panneau indicateur

Pot
chemin

Travnik
pré

Kamen
pierre

Pohodnik
randonneur

Drevo
arbre

Reka
rivière

Trava
herbe

Cvetlica
fleur

Dolina

vallée

Hrib

montagne

Jezero

lac

Gozd

forêt

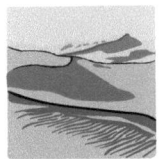

Puščava

désert

Vulkan

volcan

Grad

château

Mavrica

arc-en-ciel

Goba

champignon

Palma

palmier

Komar

moustique

Muha

mouche

Mravlja

fourmis

Čebela

abeille

Pajek

araignée

Hrošč

coléoptère

Žaba

grenouille

Veverica

écureuil

Jež

hérisson

Zajec

lièvre

Sova

chouette

Ptič

oiseau

Labod

cygne

Divji prašič

sanglier

Jelen

cerf

Los

élan

Jez

barrage

Vetrnica

éolienne

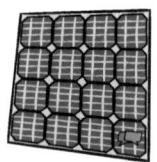

Solarna plošča

panneau solaire

Podnebje

climat

Restavracija
restaurant

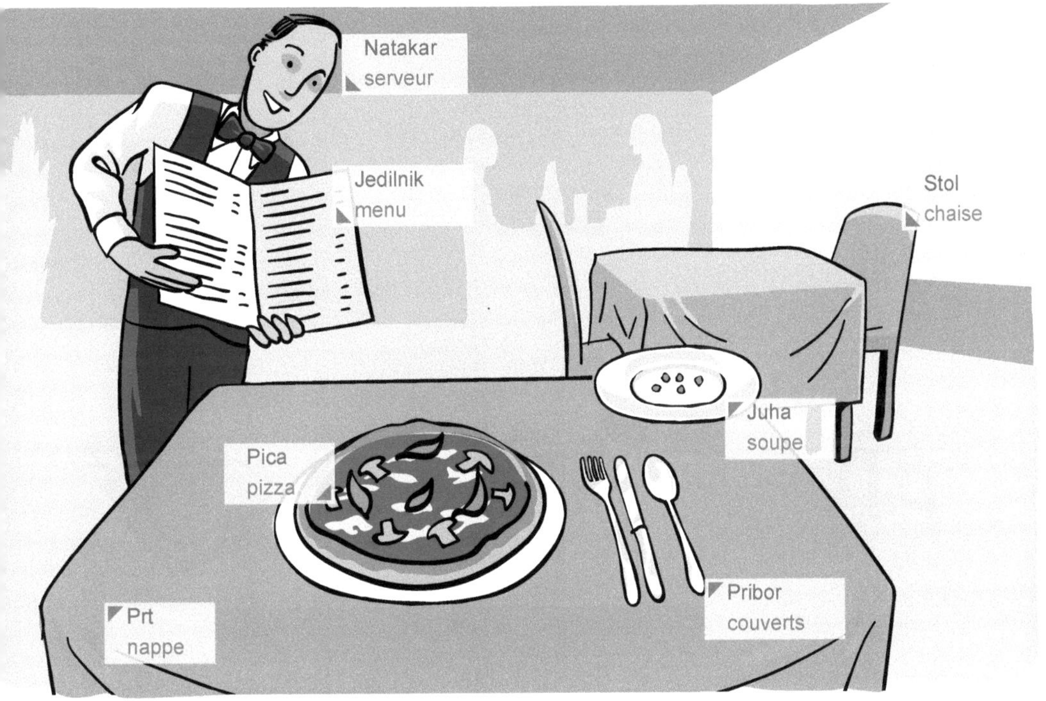
Natakar
serveur
Jedilnik
menu
Stol
chaise
Juha
soupe
Pica
pizza
Prt
nappe
Pribor
couverts

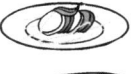

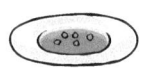

Predjed

hors d'œuvre

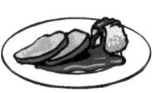

Glavna jed

plat principal

Sladica

dessert

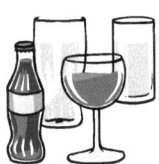

Pijače

boissons

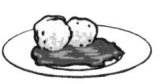

Hrana

alimentation

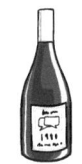

Steklenica

bouteille

Hitra hrana

fast-food

Ulična hrana

plats à emporter

Čajnik

théière

Sladkornica

sucrier

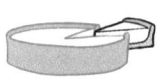

Porcija

portion

Aparat za espresso

machine à expresso

Stolček za hranjenje

chaise haute

Račun

facture

Pladenj

plateau

Nož

couteau

Vilica

fourchette

Žlica

cuillère

Čajna žlička

cuillère à thé

Servieta

serviette

Kozarec

verre

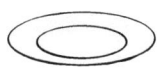

Krožnik

assiette

Globoki krožnik

assiette à soupe

Krožniček

soucoupe

Omaka

sauce

Solnica

salière

Mlinček za poper

moulin à poivre

Kis

vinaigre

Olje

huile

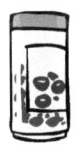

Začimbe

épices

Kečap

ketchup

Gorčica

moutarde

Majoneza

mayonnaise

Supermarket
supermarché

Posebna ponudba
offre promotionnelle
FOR
Stranka
client
Mlečni izdelki
produits laitiers
Sadje
fruits
Nakupovalni voziček
chariot

BUTCHERS

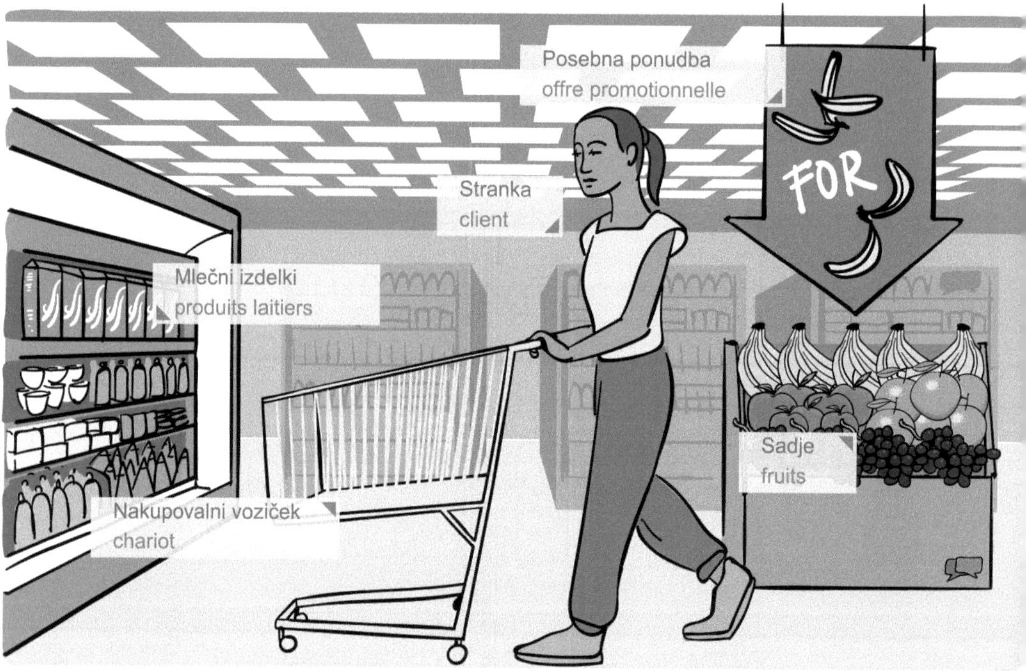

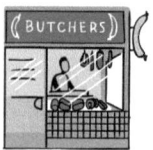

Mesnica

boucherie

BAKERY

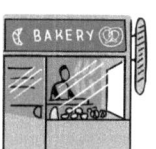

Pekarna

boulangerie

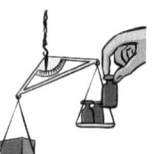

Tehtati

peser

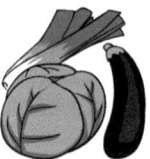

Zelenjava

légumes

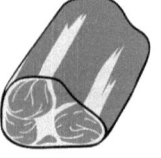

Meso

viande

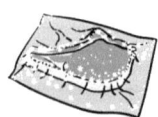

Zamrznjena hrana

aliments surgelés

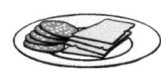

Hladne mesnine

charcuterie

Konzerve

conserves

Pralni prašek

poudre à lessive

Sladkarije

bonbons

Gospodinjski izdelki

articles ménagers

Čistilno sredstvo

détergents

Prodajalka

vendeuse

Blagajna

caisse

Blagajnik

caissier

Nakupovalni seznam

liste d'achats

Delovni čas

heures d'ouverture

Denarnica

portefeuille

Kreditna kartica

carte de crédit

Torba

sac

Plastična vrečka

sac en plastique

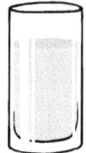

Voda

eau

Sok

jus de fruit

Mleko

lait

Kola

coca

Vino

vin

Pivo

bière

Alkohol

alcool

Kakav

chocolat chaud

Čaj

thé

Kava

café

Espresso

expresso

Kapučino

cappuccino

Banana

banane

Jabolko

pomme

Pomaranča

orange

Lubenica

melon

Limona

citron

Korenje

carotte

Česen

ail

Bambus

bambou

Čebula

oignon

Goba

champignon

Oreščki

noisettes

Rezanci

pâtes

Špageti
spaghetti

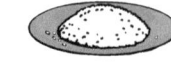

Riž
riz

Solata
salade

Ocvrt krompirček
pommes frites

Pečen krompir
pommes de terre rôties

Pica
pizza

Hamburger
hamburger

Sendvič
sandwich

Zrezek
escalope

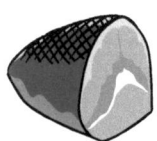

Šunka
jambon

Salama
salami

Klobasa
saucisse

Piščanec
poulet

Pečenka
rôti

Riba
poisson

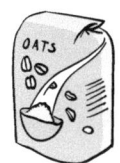

Ovseni kosmiči

flocons d'avoine

Musli

muesli

Koruzni kosmiči

cornflakes

Moka

farine

Rogljiček

croissant

Žemlja

petits-pains

Kruh

pain

Prepečenec

pain grillé

Piškoti

biscuits

Maslo

beurre

Skuta

le fromage blanc

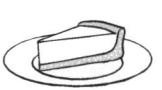

Torta

gâteau

Jajce

œuf

Pečeno jajce na oko

œuf au plat

Sir

fromage

Sladoled

glace

Sladkor

sucre

Med

miel

Marmelada

confiture

Čokoladni namaz

crème nougat

Kari

curry

Kmetija
ferme

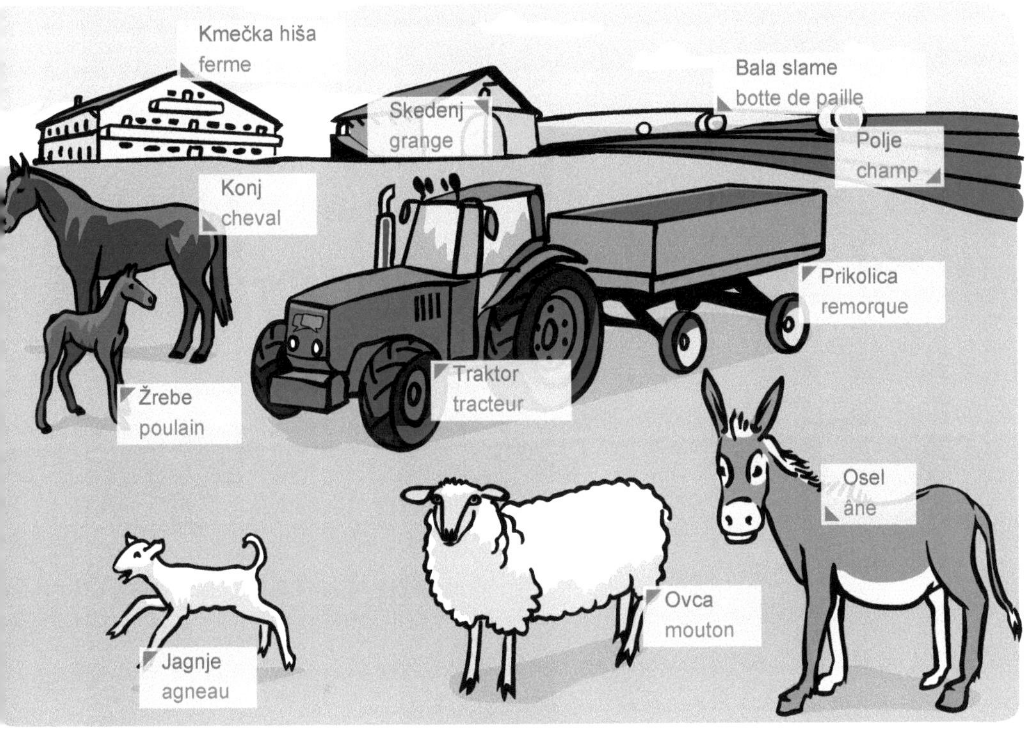
Kmečka hiša
ferme
Bala slame
botte de paille
Skedenj
grange
Polje
champ
Konj
cheval
Prikolica
remorque
Traktor
tracteur
Žrebe
poulain
Osel
âne
Ovca
mouton
Jagnje
agneau

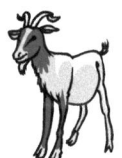

Koza
chèvre

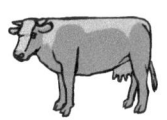

Krava
vache

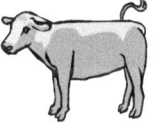

Tele
veau

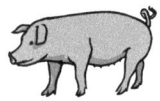

Prašič
porc

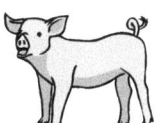

Pujsek
porcelet

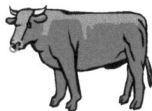

Bik
taureau

Gos

oie

Raca

canard

Piščanec

poussin

Kokoš

poule

Petelin

coq

Podgana

rat

Mačka

chat

Miš

souris

Vol

bœuf

Pes

chien

Pasja uta

chenil

Cev za zalivanje

tuyau de jardin

Kangla za zalivanje

arrosoir

Kosa

faucheuse

Plug

charrue

Srp

faucille

Motika

pioche

Vile

fourche

Sekira

hache

Samokolnica

brouette

Korito

cuve

Kangla za mleko

pot à lait

Vreča

sac

Ograja

clôture

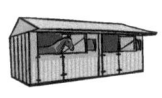

Hlev

étable

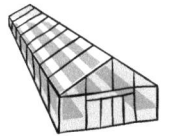

Rastlinjak

serre

Prst

sol

Seme

semences

Gnojilo

engrais

Kombajn

moissonneuse-batteuse

Žeti

récolter

Žetev

récolte

Jam

igname

Pšenica

blé

Soja

soja

Krompir

pomme de terre

Koruza

maïs

Oljna ogrščica

colza

Sadno drevo

arbre fruitier

Maniok

manioc

Žito

céréales

Hiša
maison

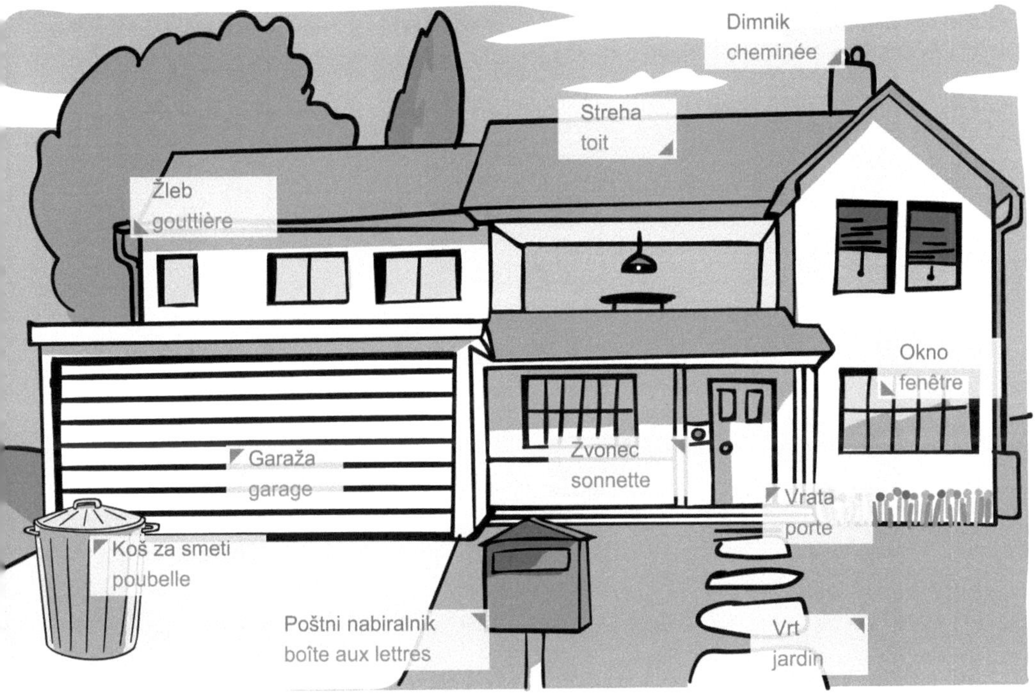
Dimnik
cheminée
Streha
toit
Žleb
gouttière
Okno
fenêtre
Garaža
garage
Zvonec
sonnette
Vrata
porte
Koš za smeti
poubelle
Poštni nabiralnik
boîte aux lettres
Vrt
jardin

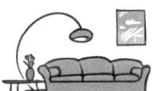

Dnevna soba

salon

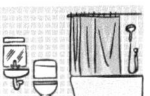

Kopalnica

salle de bain

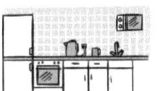

Kuhinja

cuisine

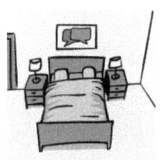

Spalnica

chambre à coucher

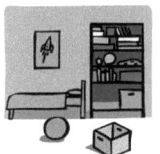

Otroška soba

chambre d'enfant

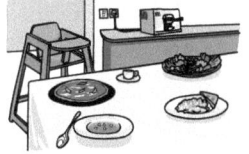

Jedilnica

salle à manger

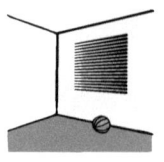

Tla
sol

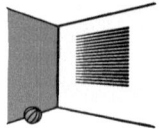

Stena
mur

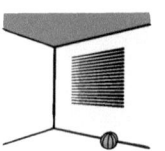

Strop
plafond

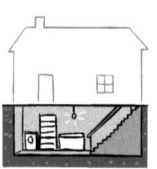

Klet
cave

Savna
sauna

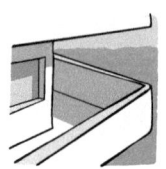

Balkon
balcon

Terasa
terrasse

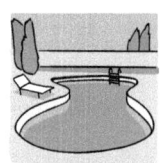

Bazen
piscine

Kosilnica
tondeuse à gazon

Rjuha
housse

Posteljno pregrinjalo
couette

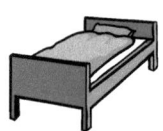

Postelja
lit

Metla
balai

Vedro
sceau

Stikalo
interrupteur

Dnevna soba

salon

Tapeta
papier peint
Slika
image
Svetilka
lampe
Polica
étagère
Omara
armoire
Televizor
télé
Kamin
cheminée
Cvetlica
fleur
Blazina
coussin
Zofa
sofa
Vaza
vase
Daljinski upravljalnik
télécommande

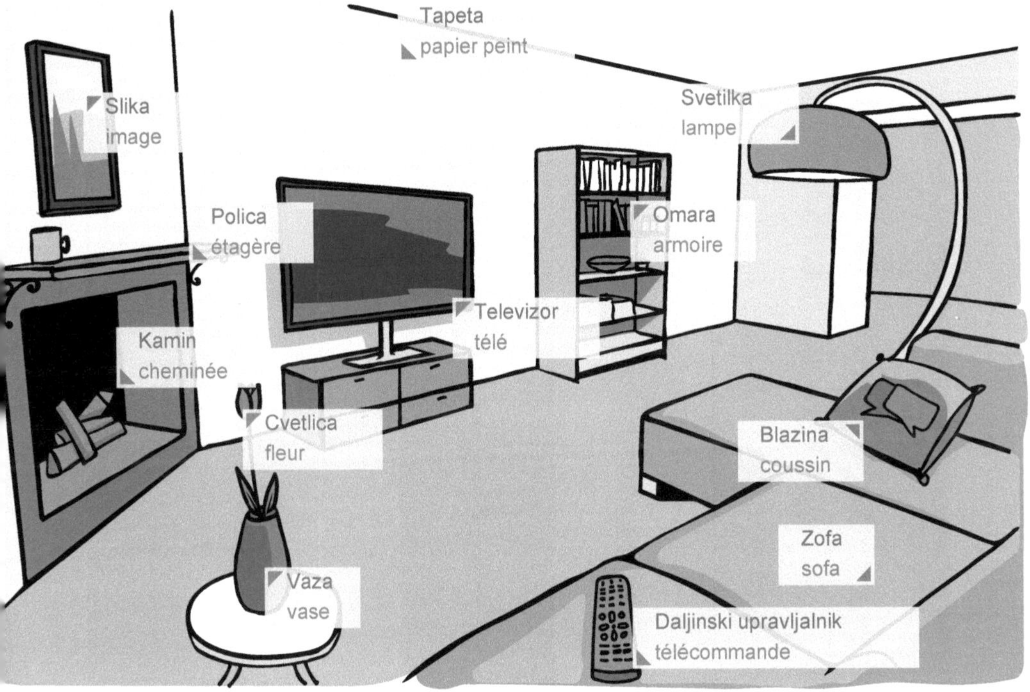

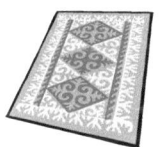

Preproga

tapis

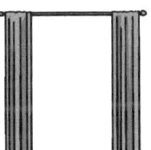

Zavesa

rideau

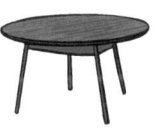

Miza

table

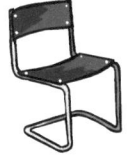

Stol

chaise

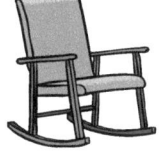

Gugalnik

chaise à bascule

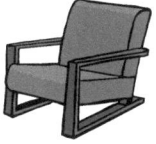

Naslanjač

fauteuil

Knjiga

livre

Odeja

couverture

Dekoracija

décoration

Drva

bois de chauffage

Film

film

Glasbeni stolp

chaîne hi-fi

Ključ

clé

Časopis

journal

Slika

peinture

Plakat

poster

Radio

radio

Beležka

bloc-notes

Sesalnik

aspirateur

Kaktus

cactus

Sveča

bougie

Kuhinja
cuisine

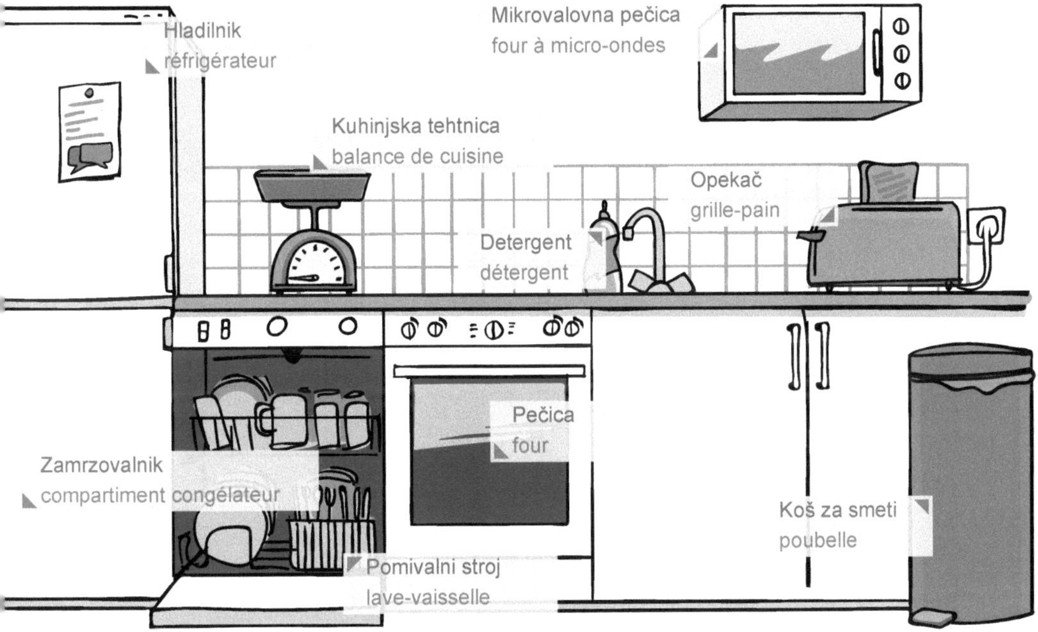
Hladilnik
réfrigérateur
Mikrovalovna pečica
four à micro-ondes
Kuhinjska tehtnica
balance de cuisine
Opekač
grille-pain
Detergent
détergent
Pečica
four
Zamrzovalnik
compartiment congélateur
Koš za smeti
poubelle
Pomivalni stroj
lave-vaisselle

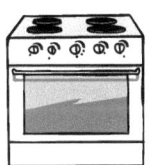

Kozica
....
four

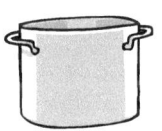

Lonec
....
casserole

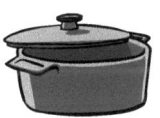

Litoželezni lonec
....
marmite

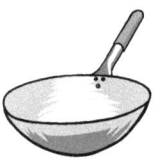

Vok / kadai
....
wok / kadai

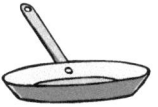

Ponev
....
poêle

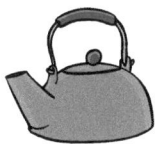

Kotliček
....
bouilloire electrique

Parni kuhalnik

cuiseur vapeur

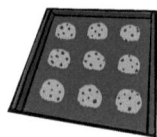

Pekač

plaque de cuisson

Posoda

vaisselle

Skodelica

gobelet

Skleda

coupe

Jedilne paličice

baguettes

Zajemalka

louche

Lopatica

spatule

Metlica

fouet

Cedilnik

passoire

Cedilo

tamis

Strgalo

râpe

Možnar

mortier

Žar

barbecue

Ognjišče

cheminée

Deska za rezanje

planche à découper

Valjar

rouleau à pâtisserie

Odpirač za steklenice

tire-bouchon

Pločevinka

boîte

Odpirač za konzerve

ouvre-boîte

Prijemalka za posodo

maniques

Korito

lavabo

Ščetka

brosse

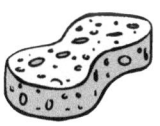

Goba

éponge

Mešalnik

mixeur

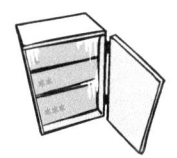

Zamrzovalna skrinja

congélateur

Steklenička

biberon

Pipa

robinet

Kuhinja - cuisine

Kopalnica
salle de bain

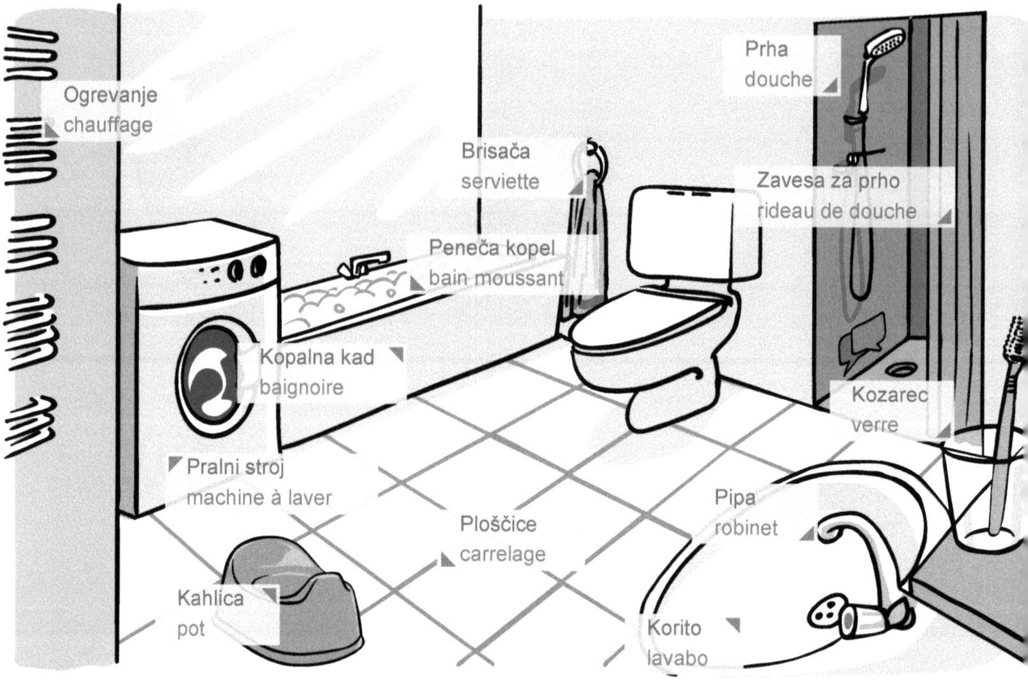

Ogrevanje
chauffage
Brisača
serviette
Prha
douche
Zavesa za prho
rideau de douche
Peneča kopel
bain moussant
Kopalna kad
baignoire
Kozarec
verre
Pralni stroj
machine à laver
Pipa
robinet
Ploščice
carrelage
Kahlica
pot
Korito
lavabo

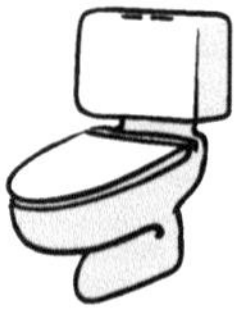

Stranišče

toilettes

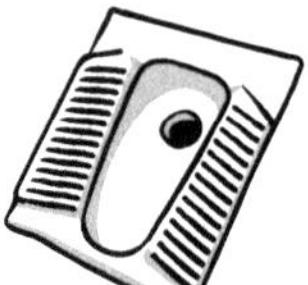

Stranišče na počep

toilette à la turque

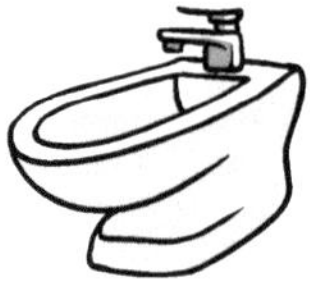

Bide

bidet

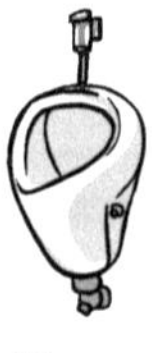

Pisoar

urinoir

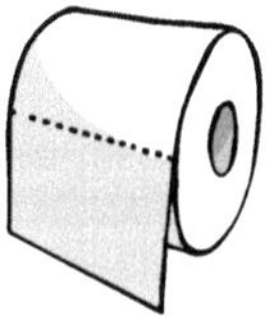

Toaletni papir

papier toilette

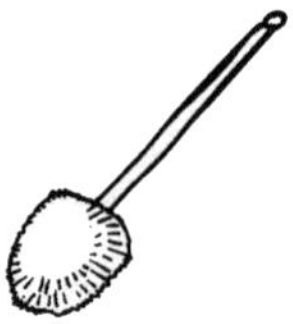

Ščetka za straniščno školjko

brosse à toilette

Zobna ščetka

brosse à dents

Zobna pasta

dentifrice

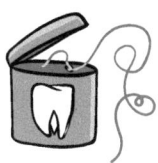

Zobna nitka

fil dentaire

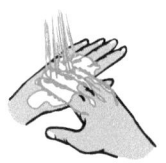

Umiti se

laver

Ročna prha

douche manuelle

Prha za intimne dele

douche intime

Umivalnik

vasque

Krtača za hrbet

brosse dorsale

Milo

savon

Gel za prhanje

gel douche

Šampon

shampooing

Krpica za miljenje

gant de toilette

Odtok

écoulement

Krema

crème

Deodorant

déodorant

Ogledalo

miroir

Ročno ogledalo

miroir cosmétique

Britvica

rasoir

Pena za britje

mousse à raser

Vodica po britju

après-rasage

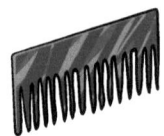

Glavnik

peigne

Ščetka

brosse

Sušilnik za lase

sèche-cheveux

Lak za lase

laque pour cheveux

Ličila

fond de teint

Šminka

rouge à lèvres

Lak za nohte

vernis à ongles

Vatirane blazinice

ouate

Škarjice za nohte

coupe-ongles

Parfum

parfum

Toaletna torbica

trousse de toilette

Stol brez naslonjala

tabouret

Osebna tehtnica

pèse-personne

Kopalni plašč

peignoir

Gumijaste rokavice

gants de nettoyage

Tampon

tampon

Damski vložki

serviettes hygiéniques

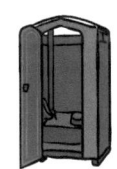

Kemično stranišče

toilette chimique

Otroška soba

chambre d'enfant

Budilka
réveil
Plišasta igrača
doudou
Avtomobilček
voiture jouet
Ropotuljica
hochet
Hiška za punčke
maison de poupée
Darilo
cadeau

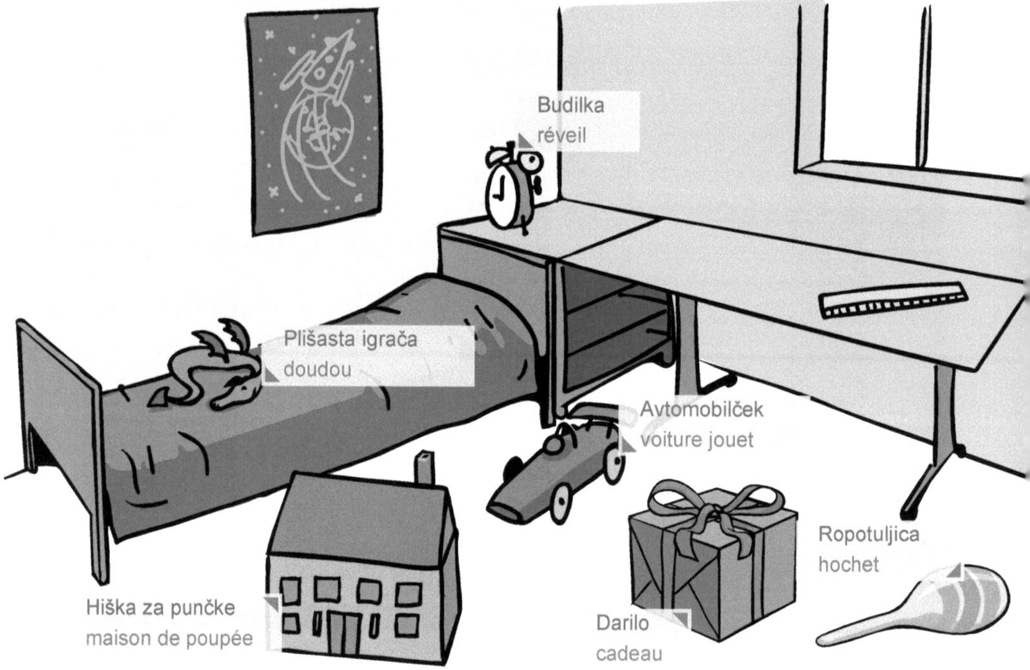

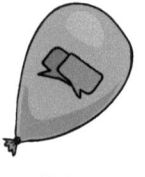

Balon

ballon

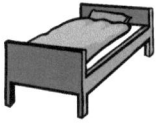

Postelja

lit

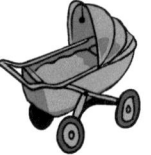

Otroški voziček

poussette

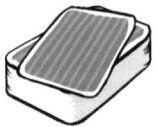

Igralne karte

jeu de cartes

Sestavljanka

puzzle

SUPER
MEGA

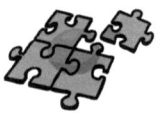

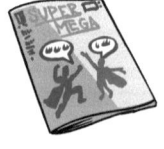

Strip

bande dessinée

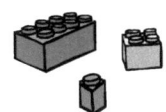

Lego kocke

pièces lego

Igralne kocke

blocs de construction

Akcijska figura

figurine

Bodi

grenouillère

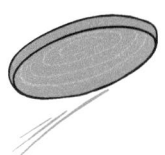

Frizbi

frisbee

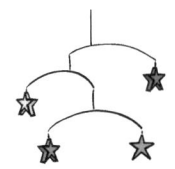

Vrtiljak za posteljico

mobile

Namizna igra

jeu de société

Kocka

dé

Komplet modelov vlakov

train miniature

Duda

sucette

Zabava

fête

Slikanica

livre d'images

Žoga

balle

Lutka

poupée

Igrati se

jouer

Peskovnik

bac à sable

Gugalnica

balançoire

Igrače

jouets

Igralna konzola

console de jeu

Tricikel

tricycle

Plišasti medvedek

ours en peluche

Garderoba

armoire

Oblačilo

vêtements

Nogavice

chaussettes

Samostoječe nogavice

bas

Hlačne nogavice

collant

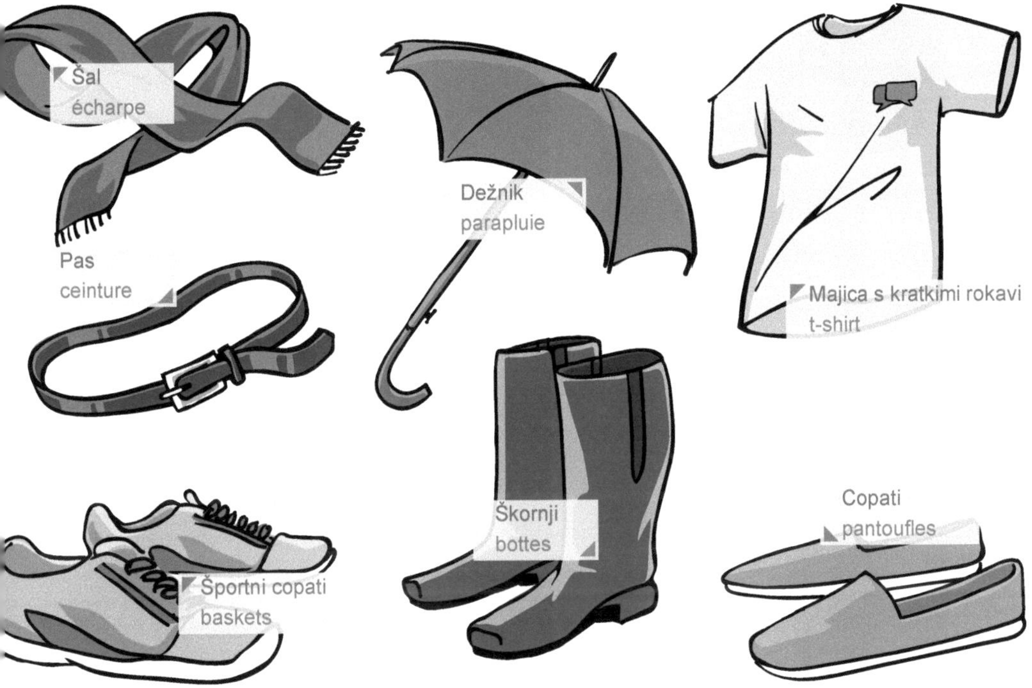

Šal
écharpe

Dežnik
parapluie

Majica s kratkimi rokavi
t-shirt

Pas
ceinture

Škornji
bottes

Copati
pantoufles

Športni copati
baskets

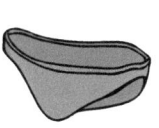

Sandali
sandales

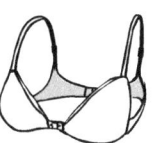

Čevlji
chaussures

Gumijasti škornji
bottes de caoutchouc

Spodnje hlače
sous-vêtements

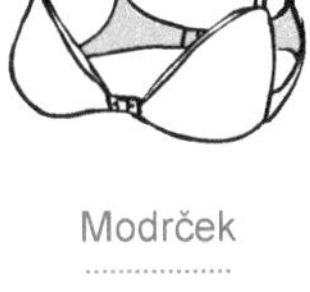

Modrček
soutien-gorge

Telovnik
maillot de corps

Oblačilo - vêtements

Bodi

body

Hlače

pantalon

Kavbojke

jean

Krilo

jupe

Bluza

chemisier

Srajca

chemise

Pulover

pull

Pletena jopica

sweat à capuche

Jopa

veste

Jakna

veste

Plašč

manteau

Dežni plašč

imperméable

Kostim

costume

Obleka

robe

Poročna obleka

robe de mariée

Obleka

costume

Spalna srajca

chemise de nuit

Pižama

pyjama

Sari

sari

Naglavna ruta

foulard

Turban

turban

Burka

burqa

Kaftan

caftan

Abaja

abaya

Kopalke

maillot de bain

Kopalne hlače

maillot de bain

Kratke hlače

short

Trenirka

tenue d'entraînement

Predpasnik

tablier

Rokavice

gants

Gumb

bouton

Očala

lunettes

Zapestnica

bracelet

Verižica

collier

Prstan

bague

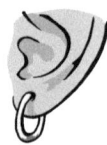

Uhan

boucle d'oreille

Kapa

bonnet

Obešalnik

cintre

Klobuk

chapeau

Kravata

cravate

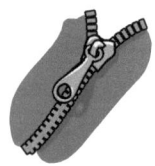

Zadrga

fermeture éclair

Čelada

casque

Naramnice

bretelles

Šolska uniforma

uniforme scolaire

Uniforma

uniforme

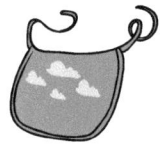

Slinček

bavoir

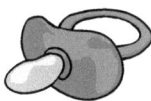

Duda

sucette

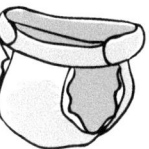

Plenica

lange

Pisarna
bureau

Strežnik
serveur
Kartotečna omara
armoire d'archivage
Tiskalnik
imprimante
Papir
papier
Monitor
écran
Miška
souris
Pisalna miza
bureau
Mapa
classeur
Tipkovnica
clavier
Stol
chaise
Koš za smeti
corbeille à papier
Računalnik
ordinateur

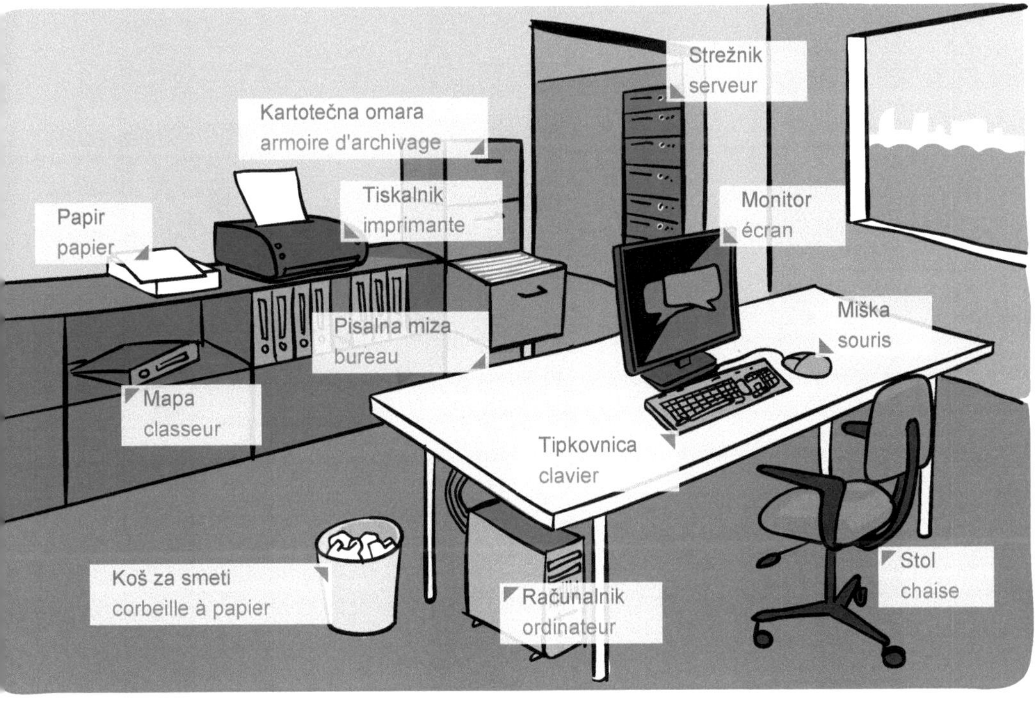

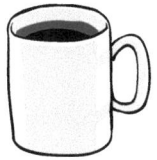

Lonček za kavo

tasse de café

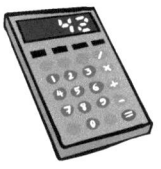

Kalkulator

calculatrice

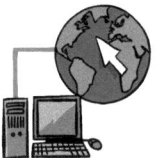

Internet

internet

Prenosnik

ordinateur portable

Pismo

lettre

Sporočilo

message

Mobilnik

portable

Omrežje

réseau

Kopirni stroj

photocopieuse

Programska oprema

logiciel

Telefon

téléphone

Vtičnica

prise

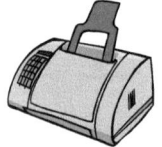

Telefaks

fax

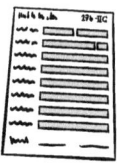

Obrazec

formulaire

Dokument

document

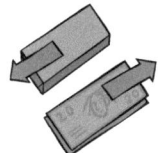

Kupiti

acheter

Plačati

payer

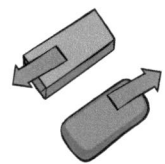

Trgovati

faire du commerce

Denar

monnaie

Dolar

dollar

Evro

euro

Jen

yen

Rubelj

rouble

Švičarski frank

franc suisse

Kitajski juan renminbi

renminbi yuan

Rupija

roupie

Bankomat

distributeur automatique

Menjalnica

bureau de change

Zlato

or

Srebro

argent

Nafta

pétrole

Energija

énergie

Cena

prix

Pogodba

contrat

Davek

taxe

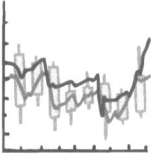

Delnice

action

Delati

travailler

Delojemalec

employé

Delodajalec

employeur

Tovarna

usine

Trgovina

magasin

Poklici
professions

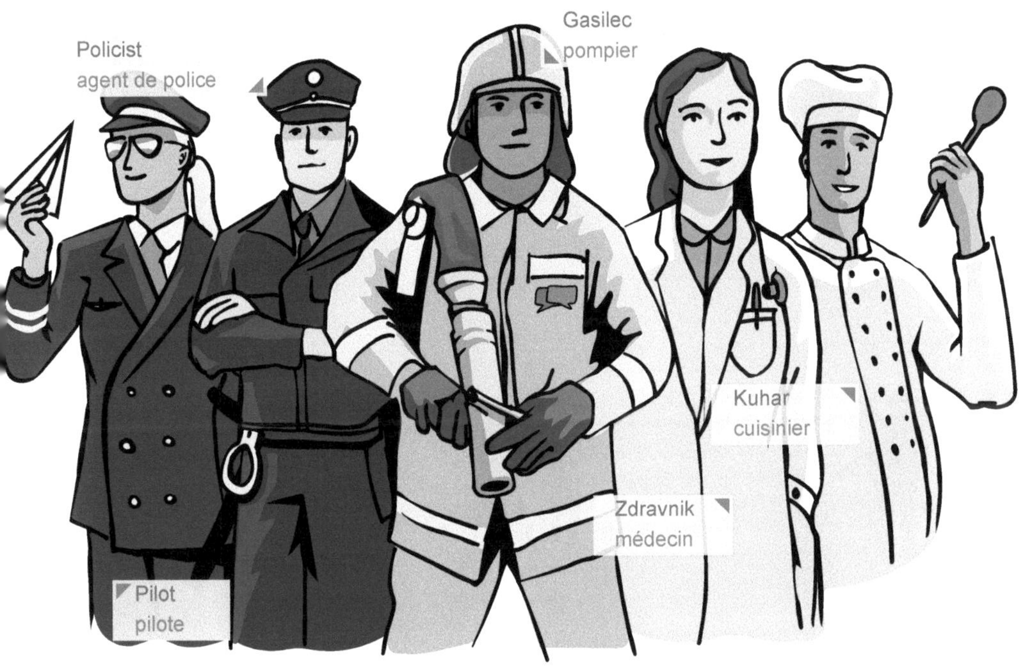

Policist
agent de police
Gasilec
pompier
Kuhar
cuisinier
Zdravnik
médecin
Pilot
pilote

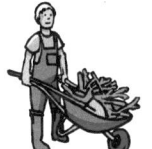

Vrtnar

jardinier

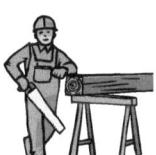

Mizar

menuisier

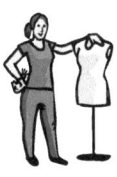

Šivilja

couturière

Sodnik

juge

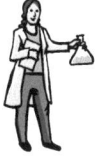

Kemik

chimiste

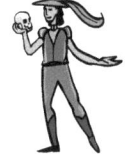

Igralec

acteur

Voznik avtobusa

conducteur de bus

Taksist

chauffeur de taxi

Ribič

pêcheur

Čistilka

femme de ménage

Krovec

couvreur

Natakar

serveur

Lovec

chasseur

Pleskar

peintre

Pek

boulanger

Električar

électricien

Gradbenik

ouvrier

Inženir

ingénieur

Mesar

boucher

Vodovodni inštalater

plombier

Poštar

facteur

Vojak

soldat

Arhitekt

architecte

Blagajnik

caissier

Cvetličar

fleuriste

Frizer

coiffeur

Sprevodnik

contrôleur

Mehanik

mécanicien

Kapitan

capitaine

Zobozdravnik

dentiste

Znanstvenik

scientifique

Rabin

rabbin

Imam

imam

Menih

moine

Duhovnik

prêtre

Orodje
outils

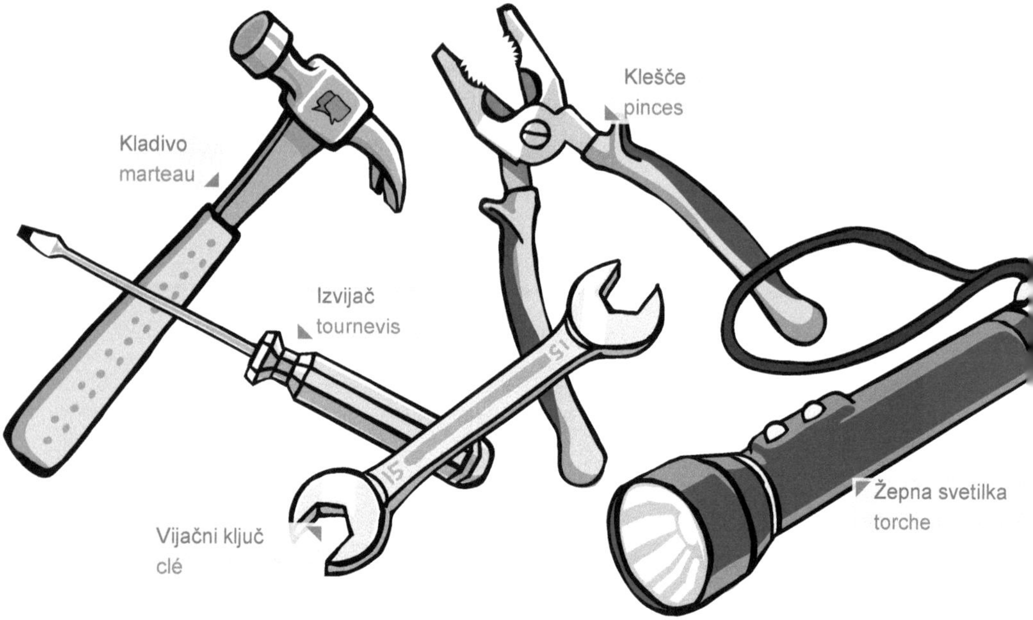

Kladivo
marteau
Klešče
pinces
Izvijač
tournevis
Vijačni ključ
clé
Žepna svetilka
torche

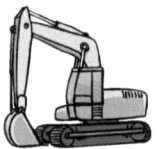

Bager

pelleteuse

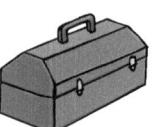

Zaboj z orodjem

boîte à outils

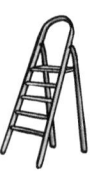

Lestev

échelle

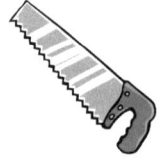

Žaga

scie

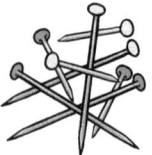

Žeblji

clous

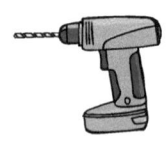

Vrtalnik

perceuse

Popraviti

réparer

Lopata

pelle

Šment!

Mince !

Smetišnica

pelle

Posoda z barvo

pot de peinture

Vijaki

vis

Glasbeni instrument

instruments de musique

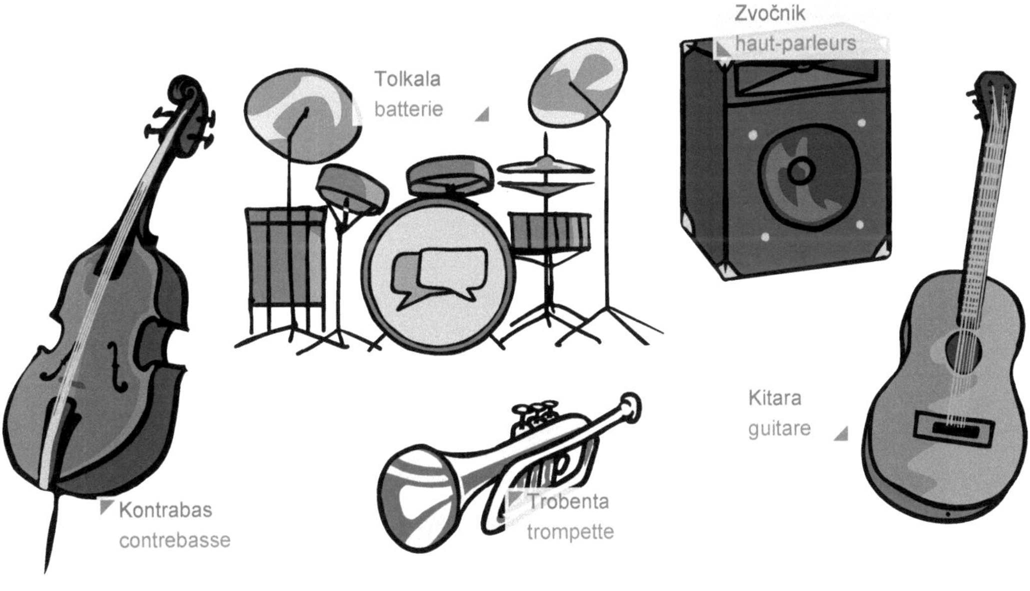

Zvočnik
haut-parleurs

Tolkala
batterie

Kitara
guitare

Kontrabas
contrebasse

Trobenta
trompette

Klavir

piano

Violina

violon

Bas kitara

basse

Pavke

timbales

Bobni

tambour

Sintetizator

piano électrique

Saksofon

saxophone

Flavta

flûte

Mikrofon

microphone

Živalski vrt

zoo

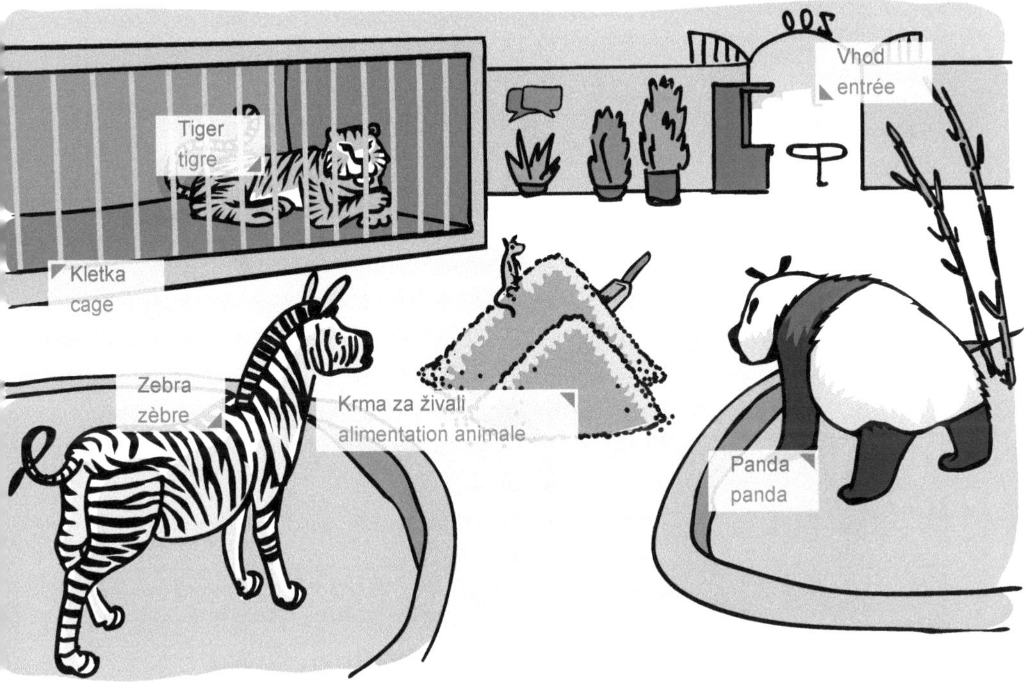

zoo
Vhod
entrée
Tiger
tigre
Kletka
cage
Zebra
zèbre
Krma za živali
alimentation animale
Panda
panda

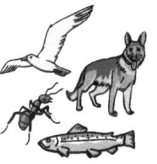

Živali

animaux

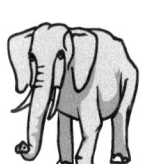

Slon

éléphant

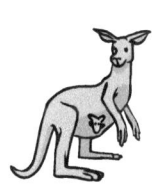

Kenguru

kangourou

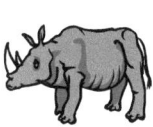

Nosorog

rhinocéros

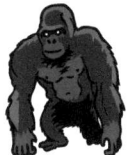

Gorila

gorille

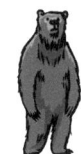

Medved

ours

Kamela

chameau

Noj

autruche

Lev

lion

Opica

singe

Plamenec

flamand rose

Papagaj

perroquet

Severni medved

ours polaire

Pingvin

pingouin

Morski pes

requin

Pav

paon

Kača

serpent

Krokodil

crocodile

Oskrbnik v živalskem vrtu

gardien de zoo

Tjulenj

phoque

Jaguar

jaguar

Poni

poney

Leopard

léopard

Povodni konj

hippopotame

Žirafa

girafe

Orel

aigle

Divji prašič

sanglier

Riba

poisson

Želva

tortue

Mrož

morse

Lisica

renard

Gazela

gazelle

Šport

sports

Ameriški nogomet
american Football

Kolesarjenje
cyclisme

Tenis
tennis

Košarka
basket-ball

Plavanje
natation

Hokej
hockey sur glace

Boks
boxe

Nogomet
....
football

Badminton
....
badminton

Atletika
....
athlétisme

Rokomet
....
handball

Smučanje
....
ski

Polo
....
polo

Dejavnosti
activités

Smejati se
rire
Skočiti
sauter
Objeti
embrasser
Hoditi
marcher
Peti
chanter
Sanjati
rêver
Moliti
prier
Poljubiti
faire la bise

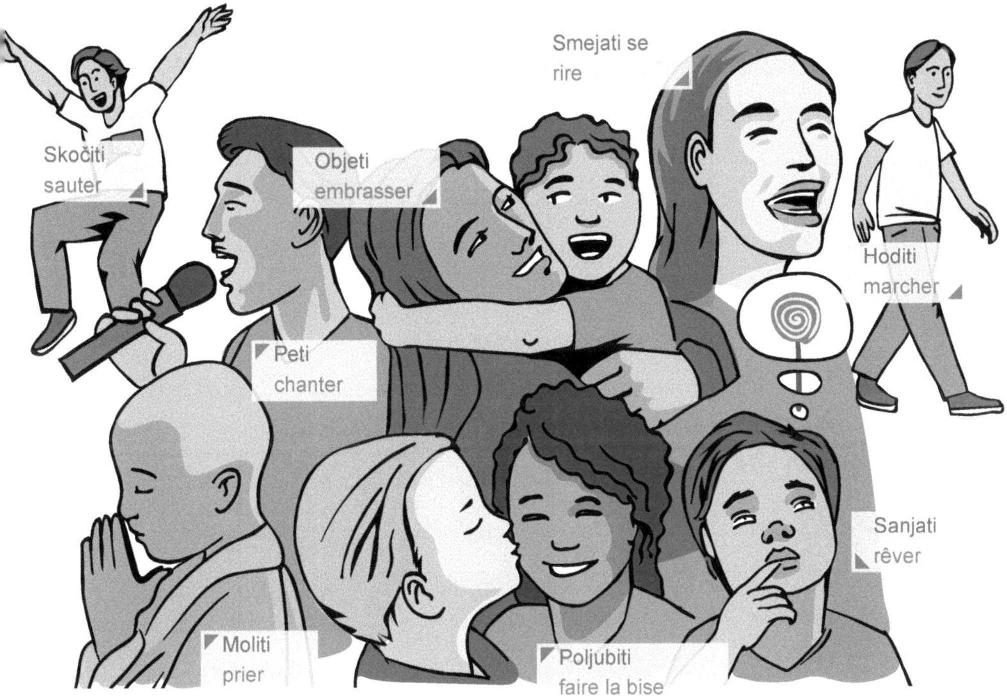

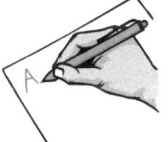

Pisati

écrire

Risati

dessiner

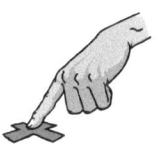

Pokazati

montrer

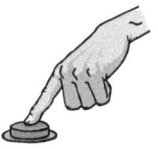

Potisniti

pousser

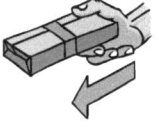

Dati

donner

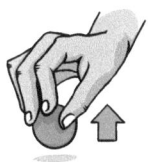

Vzeti

prendre

Imeti

avoir

Narediti

faire

Biti

être

Stati

être debout

Teči

courir

Vleči

trier

Vreči

jeter

Pasti

tomber

Ležati

être couché

Čakati

attendre

Nositi

porter

Sedeti

être assis

Obleči se

s'habiller

Spati

dormir

Zbuditi se

se réveiller

Gledati

regarder

Jokati

pleurer

Božati

caresser

Česati se

peigner

Govoriti

parler

Razumeti

comprendre

Vprašati

demander

Poslušati

écouter

Piti

boire

Jesti

manger

Pospraviti

ranger

Ljubiti

aimer

Kuhati

cuire

Voziti

conduire

Leteti

voler

Jadrati

faire de la voile

Računanje

calculer

Brati

lire

Učiti se

apprendre

Delati

travailler

Poročiti se

se marier

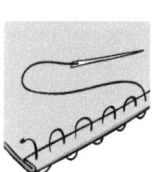

Šivati

coudre

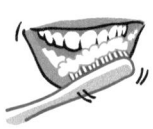

Ščetkati si zobe

brosser les dents

Ubiti

tuer

Kaditi

fumer

Poslati

envoyer

Družina
famille

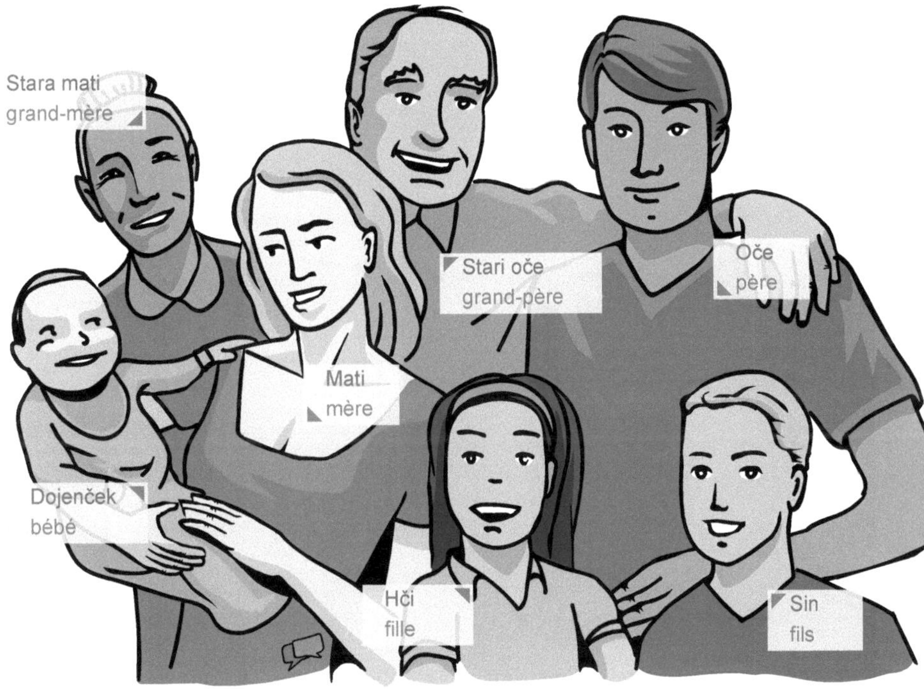

Stara mati
grand-mère
Stari oče
grand-père
Oče
père
Mati
mère
Dojenček
bébé
Hči
fille
Sin
fils

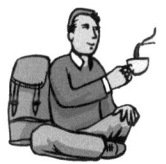

Gost
hôte

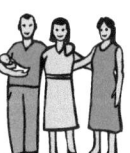

Teta
tante

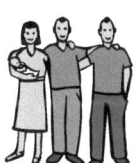

Stric
oncle

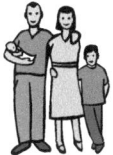

Brat
frère

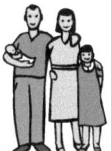

Sestra
sœur

Telo

corps

Čelo
front
Oko
œil
Rama
épaule
Prst
doigt
Obraz
visage
Brada
menton
Dlan
main
Prsi
poitrine
Noga
jambe
Roka
bras

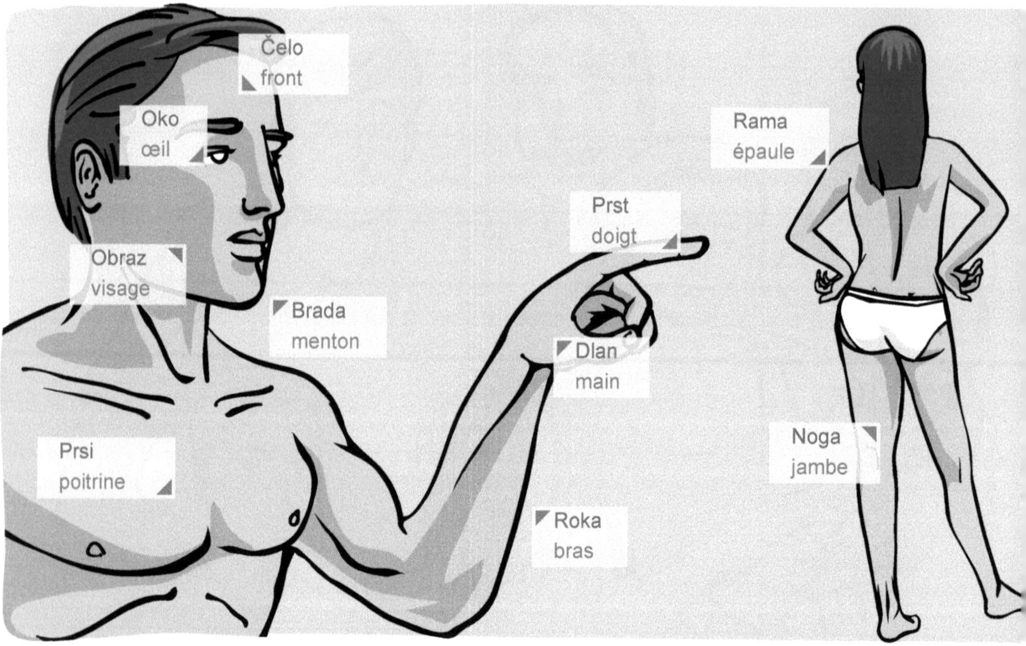

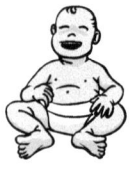

Dojenček

bébé

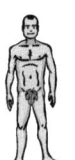

Človek

homme

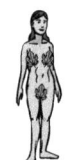

Ženska

femme

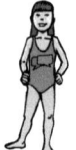

Dekle

fille

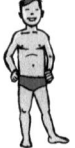

Fant

garçon

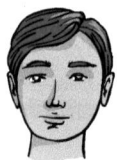

Glava

tête

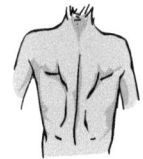

Hrbet

dos

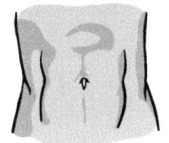

Trebuh

ventre

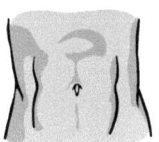

Popek

nombril

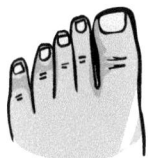

Prst na nogi

orteil

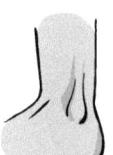

Peta

talon

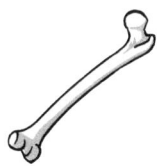

Kost

os

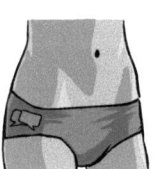

Kolk

hanche

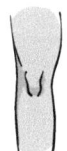

Koleno

genou

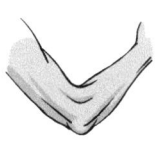

Komolec

coude

Nos

nez

Zadnjica

fesses

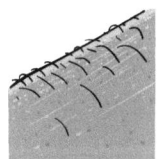

Koža

peau

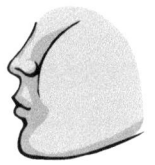

Lice

joue

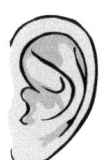

Uho

oreille

Ustnica

lèvre

Usta

bouche

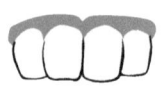

Zob

dent

Jezik

langue

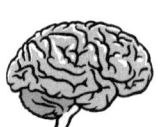

Možgani

cerveau

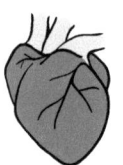

Srce

cœur

Mišica

muscle

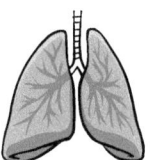

Pljuča

poumons

Jetra

foie

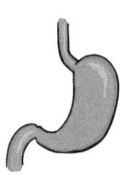

Želodec

estomac

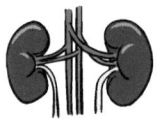

Ledvice

reins

Spolni odnos

rapport sexuel

Kondom

préservatif

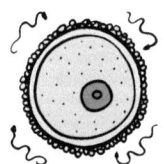

Jajčece

ovule

Semenska tekočina

sperme

Nosečnost

grossesse

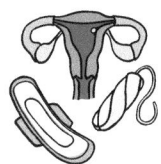

Menstruacija

menstruation

Vagina

vagin

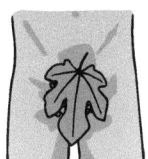

Penis

pénis

Obrv

sourcil

Lasje

cheveux

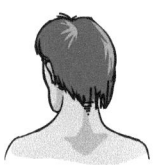

Vrat

cou

Bolnišnica
hôpital

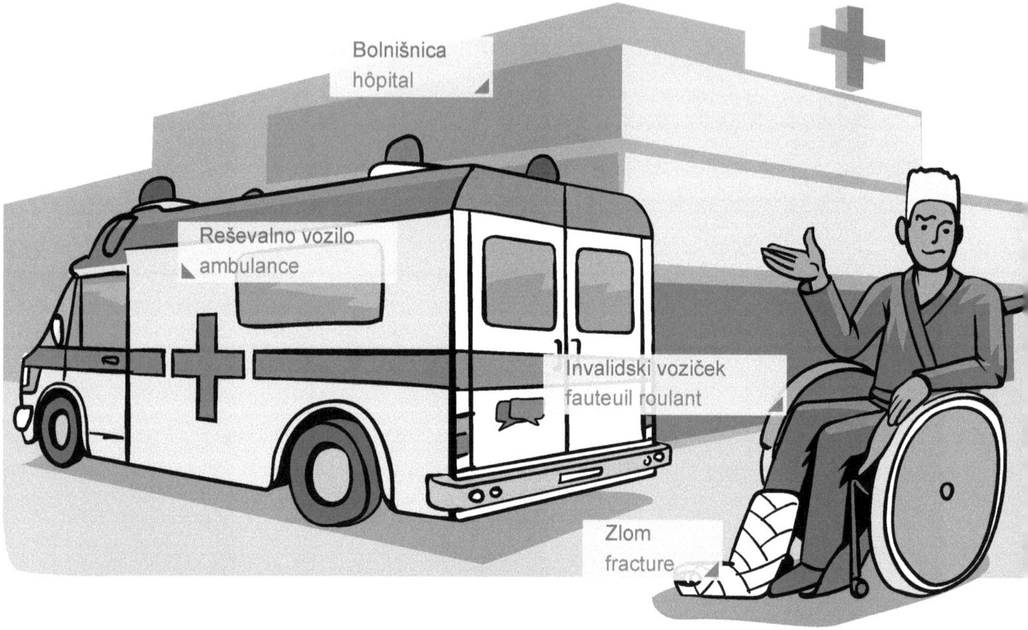

Bolnišnica
hôpital
Reševalno vozilo
ambulance
Invalidski voziček
fauteuil roulant
Zlom
fracture

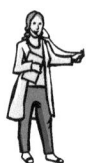

Zdravnik

médecin

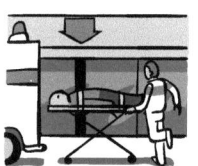

Urgenca

service des urgences

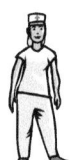

Medicinska sestra

infirmière

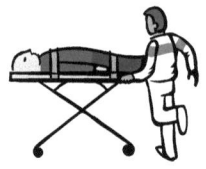

Nujni primer

urgence

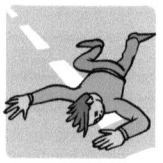

Nezavesten

inconscient

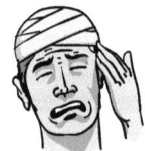

Bolečina

douleur

Poškodba

blessure

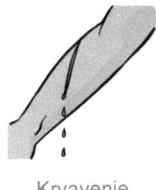

Krvavenje

hémorragie

Srčni infarkt

crise cardiaque

Kap

attaque cérébrale

Alergija

allergie

Kašelj

toux

Vročina

fièvre

Gripa

grippe

Driska

diarrhée

Glavobol

mal de tête

Rak

cancer

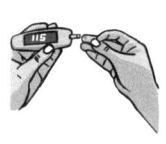

Sladkorna bolezen

diabète

Kirurg

chirurgien

Skalpel

scalpel

Operacija

opération

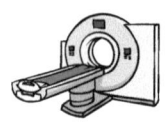

CT
CT

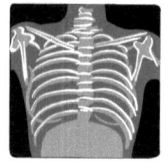

Rentgen
radiographie

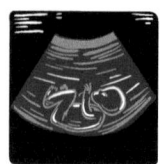

Ultrazvok
échographie

Obrazna maska
masque

Bolezen
maladie

Čakalnica
salle d'attente

Bergla
béquille

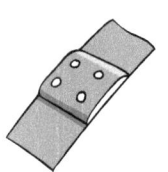

Obliž
pansement

Preveza
pansement

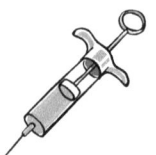

Injekcija
injection

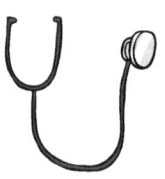

Stetoskop
stéthoscope

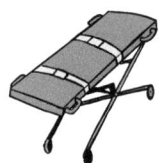

Nosila
brancard

Klinični termometer
thermomètre

Porod
accouchement

Prekomerna teža
surcharge pondérale

Slušni pripomoček

appareil auditif

Razkužilo

désinfectant

Okužba

infection

Virus

virus

HIV / AIDS

VIH / sida

Medicina

médicament

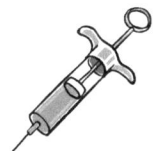

Cepljenje

vaccination

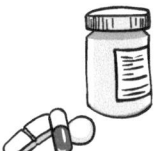

Tablete

comprimés

Tableta

pilule

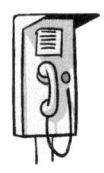

Klic v sili

appel d'urgence

Merilnik krvnega tlaka

tensiomètre

bolano / zdravo

malade / sain

Na pomoč!

Au secours !

Alarm

alarme

Napad

assaut

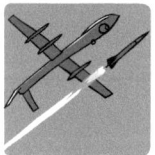

Napad

attaque

Nevarnost

danger

Izhod v sili

sortie de secours

Gori!

Au feu!

Gasilni aparat

extincteur

Nezgoda

accident

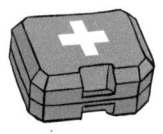

Komplet za prvo pomoč

trousse de premier secours

SOS

SOS

Policija

police

Evropa

Europe

Severna Amerika

Amérique du Nord

Južna Amerika

Amérique du Sud

Afrika

Afrique

Azija

Asie

Avstralija

Australie

Atlantski ocean

Océan atlantique

Tihi ocean

Océan pacifique

Indijski ocean

Océan indien

Južni ocean

Océan antarctique

Arktični ocean

Océan arctique

Severni tečaj

pôle nord

Južni tečaj

pôle sud

Antarktika

Antarctique

Zemlja

terre

Kopno

pays

Morje

mer

Otok

île

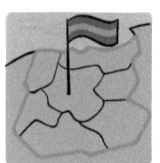

Narod

nation

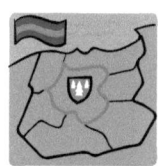

Država

état

Številčnica

cadran

Urni kazalec

aiguille des heures

Minutni kazalec

aiguille des minutes

Sekundni kazalec

aiguille des secondes

Koliko je ura?

Quelle heure est-il ?

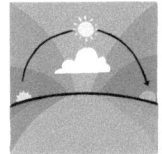

Dan

jour

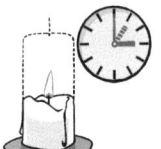

Čas

temps

Zdaj

maintenant

Digitalna ura

montre digitale

Minuta

minute

Ura

heure

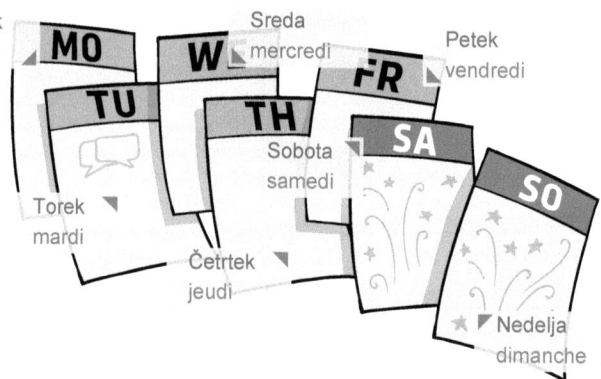

Ponedeljek
lundi

Sreda
mercredi

Petek
vendredi

Torek
mardi

Četrtek
jeudi

Sobota
samedi

Nedelja
dimanche

Včeraj

hier

Danes

aujourd'hui

Jutri

demain

Jutro

matin

Poldne

midi

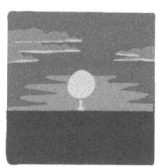

Večer

soir

MO	TU	WE	TH	FR	SA	SU
1	2	3	4	5	6	7
8	9	10	11	12	13	14
15	16	17	18	19	20	21
22	23	24	25	26	27	28
29	30	31	1	2	3	4

Delovni dnevi

jours ouvrables

MO	TU	WE	TH	FR	SA	SU
1	2	3	4	5	6	7
8	9	10	11	12	13	14
15	16	17	18	19	20	21
22	23	24	25	26	27	28
29	30	31	1	2	3	4

Konec tedna

week-end

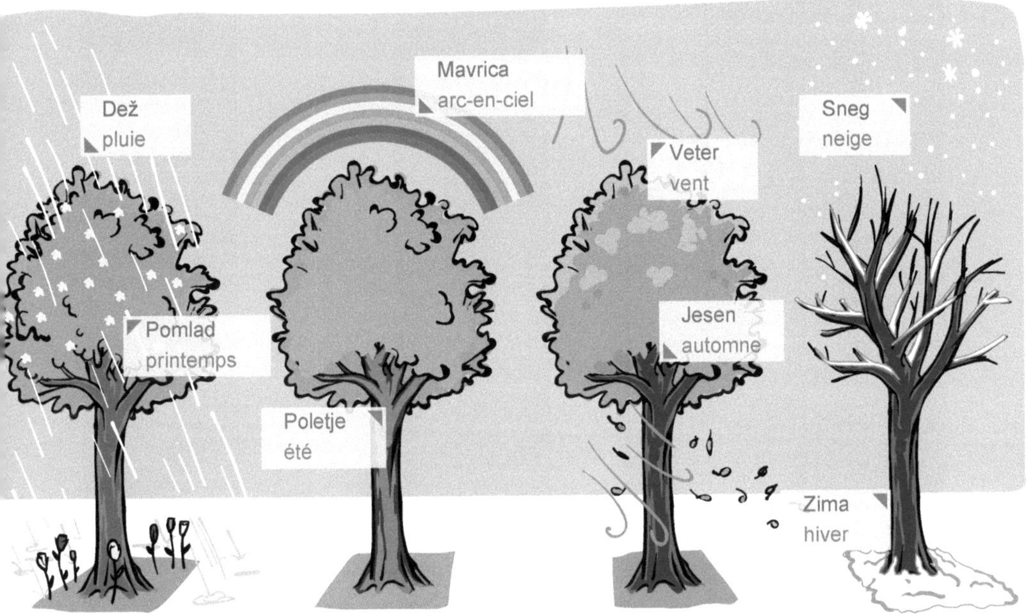

Dež
pluie

Mavrica
arc-en-ciel

Sneg
neige

Veter
vent

Pomlad
printemps

Jesen
automne

Poletje
été

Zima
hiver

Vremenska napoved

météo

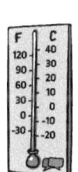

Termometer

thermomètre

Sončna svetloba

lumière du soleil

Oblak

nuage

Megla

brouillard

Vlažnost

humidité

Strela

foudre

Grom

tonnerre

Nevihta

tempête

Toča

grêle

Monsun

mousson

Poplava

inondation

Led

glace

Januar

janvier

Februar

février

Marec

mars

April

avril

Maj

mai

Junij

juin

Julij

juillet

Avgust

août

September
....
septembre

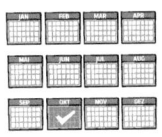

Oktober
....
octobre

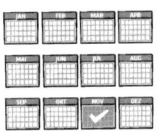

November
....
novembre

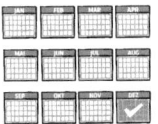

December
....
décembre

Oblike

formes

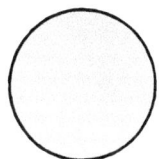

Krogla
....
cercle

Kvadrat
....
carré

Pravokotnik
....
rectangle

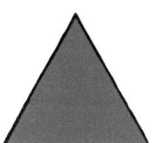

Trikotnik
....
triangle

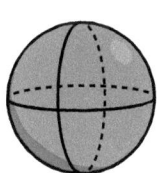

Krogla
....
sphère

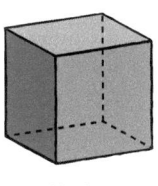

Kocka
....
cube

Bela

blanc

Rumena

jaune

Oranžna

orange

Rožnata

rose

Rdeča

rouge

Vijolična

violet

Modra

bleu

Zelena

vert

Rjava

marron

Siva

gris

Črna

noir

veliko / malo

beaucoup / peu

jezno / umirjeno

fâché / calme

lepo / grdo

joli / laid

začetek / konec

début / fin

veliko / majhno

grand / petit

svetlo / temno

clair / obscure

brat / sestra

frère / soeur

čisto / umazano

propre / sale

popolno / nepopolno

complet / incomplet

dan / noč

jour / nuit

mrtvo / živo

mort / vivant

široko / ozko

large / étroit

užitno / neužitno

comestible / incomestible

zlobno / prijazno

méchant / gentil

vznemirjeno / zdolgočaseno

excité / ennuyé

debelo / vitko

gros / mince

prvo / zadnje

premier / dernier

prijatelj / sovražnik

ami / ennemi

polno / prazno

plein / vide

trdo / mehko

dur / souple

težko / lahko

lourd / léger

lakota / žeja

faim / soif

bolano / zdravo

malade / sain

nezakonito / zakonito

illégal / légal

pametno / neumno

intelligent / stupide

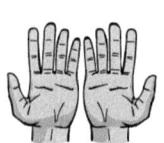

levo / desno

gauche / droite

blizu / daleč

proche / loin

novo / rabljeno

nouveau / usé

nič / nekaj

rien / quelque chose

staro / mlado

vieux / jeune

vklopljeno / izklopljeno

marche / arrêt

odprto / zaprto

ouvert / fermé

tiho / glasno

faible / fort

bogato / revno

riche / pauvre

prav / narobe

correct / incorrect

grobo / gladko

rugueux / lisse

žalostno / veselo

triste / heureux

kratko / dolgo

court / long

počasi / hitro

lent / rapide

mokro / suho

mouillé / sec

toplo / hladno

chaud / froid

vojna / mir

guerre / paix

0

Ničla

zéro

1

Ena

un / une

2

Dva

deux

3

Tri

trois

4

Štiri

quatre

5

Pet

cinq

6

Šest

six

7

Sedem

sept

8

Osem

huit

9

Devet

neuf

10

Deset

dix

11

Enajst

onze

12

Dvanajst

douze

13

Trinajst

treize

14

Štirinajst

quatorze

15

Petnajst

quinze

16

Šestnajst

seize

17

Sedemnajst

dix-sept

18

Osemnajst

dix-huit

19

Devetnajst

dix-neuf

20

Dvajset

vingt

100

Sto

cent

1.000

Tisoč

mille

1.000.000

Milijon

million

Angleščina

anglais

Ameriška angleščina

anglais américain

Mandarinščina

chinois mandarin

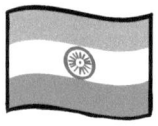

Hindujščina

hindi

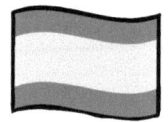

Španščina

espagnol

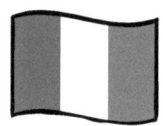

Francoščina

français

Arabščina

arabe

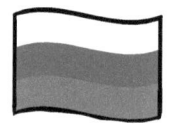

Ruščina

russe

Portugalščina

portugais

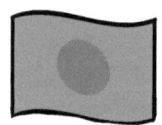

Bengalščina

bengali

Nemščina

allemand

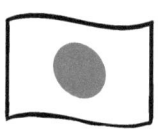

Japonščina

japonais

Jaz

je

Ti

tu

On / ona / tisto

il / elle / ce, c', cela

Mi

nous

Vi

vous

Oni

ils / elles

Kdo?

Qui ?

Kaj?

Quoi ?

Kako?

Comment ?

Kje?

Où ?

Kdaj?

Quand ?

Ime

nom

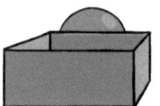

Zadaj

derrière

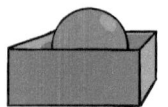

V

dans

Pred

devant

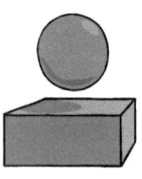

Nad

au-dessus

Na

sur

Pod

en-dessous

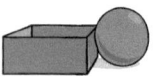

Poleg

à côté de

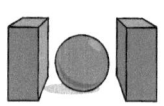

Med

entre

Kraj

lieu